आमंत्रण है परेशानियों का

—जीव—

An Invitation from Problems

--Jeev--

PARTRIDGE

To order additional copies of this book, contact
Partridge India
000 800 10062 62
orders.india@partridgepublishing.com

www.partridgepublishing.com/india

Dedicated to my parents and my wife

Special Thanks

Sudha BV
Madhuri T
Vaishali Sharma
Amol Singh
Pinky

आमंत्रण है परेशानियों का

वक्त इन्सान के हर घाव भरने की क्षमता रखता है और वक्त को बदलते देर नही लगती । विग्यान ने इतनी उन्दा तरक्की की है की हम मक्खियों की तरह विग्यान के इर्द-गिर्द भिन-भिनाने लगें है । ये समय जो बदलता जा रहा । सही-गलत क्या पता, किन्तू यदी गलत हुवा तो क्या वक्त इस घाव को भर पाएगा ?

प्रक्रिती के नियमों का उल्लंघन हो रहा है । खुद को आराम और दुसरों को तक्लीफ़ दे रहें है । रिशतों का भाव गिर गया है । ऐसे कई इशारें है जो शायद हमे गलत राह ले जा रहीं है, या शायद मै गलत सोंच रहा हू । जो भी हो पर हर कोई हताश या परेशान नज़र आता है । बहोतों के पास तो वक्त भी नही की वो सोंच सके की वो परेशान है । कलयुग की परिभाषा नही जानता । पर जो नज़र आ रही वो ये की परेशानिया हमे आमंत्रित कर रहीं है ।

ज़रूरी नही की मेरी सोंच सही हो । "आमंत्रण है परेशानियों का" मेरी ये किताब एक कोशिश है अपनी भावनाए, अपनी सोंच आपसे बाटने की ।

सराहना की आशा नही, विचारों की आवश्यक्ता है ।

Introduction

Firstly, I'd like to thank you for picking up my book "An Invitation from problems". This book is designed to introduce a fresh new perspective about the things around us. It could be something as ordinary as our local garbage lady or the forgotten joy of dancing in the rain.

We live in a world which is constantly changing but sometimes, we just need to take a halt and reflect on our extraordinary ordinary lives.

क्रम

Content

Spirit in Joints

|| बोलती सियाही ||

Speaking Ink

कलम मेरे कागज़ पर

यूँ हमेशा लेटी रहती है
कलम मेरे कागज़ पर
नोकीली ज़बान, नीली लार
और सिरहाने है
उलझे हुवे शब्दों के चादर

विचारों को शब्दों में पिरों कर
कह जाती है कागज़ पर
और अपनी ही गलतियाँ देख
लड़ जाती है कागज़ पर
न कहती है, न सुनती है
न किसी के रोके रुकती है
और शब्दों को तराशती
इतराती वहीं सो जाती है

उँगलियों पर खेले
कभी बालों में छुप जाए
मुसकुराते चेहरे पर
दाँतों तले दब जाए
किसी के जज़्बातों का
कागज़ पर लेप लगाए
आँसुओं का अर्थ
शब्दों में सुनाए
शांत स्वभाव, अजीब सी
सेहत मंद, पतली कमर
और दिन रात सोती है
कलम मेरे कागज़ पर ||

The Pen On My Paper

Always find her reposing
That pen on my paper
Sharp nib, blue ink
And beside the blind cap
Lies a blanket of jumbled words

She crafts thoughts into words
To express them on paper
And when she looks at her mistakes
She fights with the paper
Never speaks, never listens
Never stops when inhibited
And while adorning words
She flaunts and ends up sleeping

She spins between fingers
Sometime hides in hair
On a smiling face
Gets bitten down by teeth
She takes feelings
And puts them on paper as a salve
She explains the significance of tears
Through words
She's demure, she's unusual
In fine fettle, beautiful
And sleeps all day and night
The pen on my paper

सेवक हूँ, सेवा करता हूँ

रिश्तों से छुपाता हूँ
सूली पर चढ जाता हूँ
हाँथ नहीं पसारता
और ज़बान देता हूँ
कोठी है, गुमटी भी
पर खाली संदूक
और दान देता हूँ
सेवक हूँ, सेवा करता हूँ

किसी के मज़ाक पर
नाराज़ नहीं होता
और गलती करूँ
तो हाथ जोड लू
चार पैर नहीं तो क्या
वफ़ादार हूँ
तार हूँ, सितार हूँ
धुनों में लगें शब्दों का
आकार हूँ
सेवक हूँ, सेवा करता हूँ

सिखाता नहीं, कैसे, क्यूँ
हाँ सुन लेता हूँ
हँसता हूँ और
रो लेता हूँ कभी-कभी
जेब में रखे सिक्कें
दिखाता नहीं
हाँ बाँट ज़रूर देता हूँ
सेवक हूँ, सेवा करता हूँ

मै नज़र में नहीं
कोई पूछता नहीं
दूर होता हूँ, कोई कहता नहीं
केवल हाथ के इशारों पर
मुस्कुरा देता हूँ
झूठ नही
सच करता हूँ
सेवक हूँ, सेवा करता हूँ

I am a servant, I serve

I hide from relations
I invite trouble
I never beg
And give my words
I have a palace, a hut too
But an empty chest
And I donate
I am a servant, I serve

I don't get upset
Over someone's jokes
And when I commit a mistake
I seek forgiveness
So what if I don't have four legs?
I am still loyal
I am the string, the Sitar
Contour of words
That form melody
I am a servant, I serve

I don't teach how and why
But yes, I do listen
I laugh and
Also cry sometimes
I don't show
The coins in my pocket
But yes, I do share them
I am a servant, I serve

I am ignored
No one looks after me
When away, no one asks about me
Just with hands beckoning
I smile
I don't lie
I do what's right
I am a servant, I serve

किताबों की भीड

किताबों की भीड में
कुछ अक्षर पडे हुए
जाड़े की ठंड आ रही
कुछ वीर हैं तिलक लिए
एक भाई है उनमे मेरा
वो शब्द जो बदल गया
वफ़ा करूँ जफ़ा करूँ
कुछ भी करूँ गलत रहा

पगडंडियों के छोर पर
दूर है कोई मेरा
सूरज ढले, शिकन लिये
बांध लाया है अंधेरा
टुकुर-टुकुर देखते
बिस्तर तले सो जाता है
और नींद मुझे छोड़ कर
आँसुए उछालता

सन्नाटे बटोरें है
उजाले खरीद कर
धुआँ उड़ा रहा है वो
शराब छोड मेज़ पर
ज़बान, आँख, कान बंद
कला है क्या कहूँ किसे
किताबों की भीड में
कुछ अक्षर पडे हुए ||

Crowd of books

Amidst the crowd of books
Are resting some characters
Winter is on its way
There are some heroes with marks on their foreheads
My brother is among them
The word that changed
Whether I do something good or bad
I am always wrong

At the end of rough paths
Stands someone who is my own
The sun sets with worries
And darkness is here
Stares at me continuously
Rests on the bed
And sleep leaves me
To start playing with tears

Have collected silence
After buying light
And he is smoking
Leaving the wine behind
Tongue, eyes, ears are closed
Whom to explain what art is all about?
Amidst the crowd of books
Are resting some characters

साधारण

पढने वाले लोग बहुत हैं
कुछ कपड़ों को पढते
माथे पर शिकन जमी है
और वो पढ़ जाते
ख़ुशी पढ़ जाते
दर्द पढ़ जाते
जो आते नहीं उन्हें बुलाते
और आने वाले को कोई पूछता नही
क्योंकि वो पढ़े जा चुकें हैं
वो मंगल वाले सूत्र के धागे हैं
घिनौने हैं, बनावटी हैं
क्या पढ़ने से इज्ज़त नही लुटती
निक्कर तक वो पढ जाते हैं
और मै एक मुजरिम सा
साधारण रह जाता हूँ ||

Ordinary

There are many who can read
Some read clothes
There are also fines lines of stress on foreheads
And some read them
Some read happiness
Some read pain
They call the ones who are ignored
And avoid the ones who want to join
Because they've already been read
They are threads of nuptial
They are abominable, artificial
Does reading prevent rape?
They even read underclothes
And I like a culprit
Remain ordinary

परिचय

मशाल लिए चलेंगे हम
आशाएँ होंगी, चिताएँ होंगी
कुछ नींद, और कुछ रोटियाँ
खूँटा फाड़, मेरा दाना निकाल दे
छोटी टाँगे, रास्ते लम्बे होंगे
गुलाल होगा, चिंगारी होगी
और एक तीखी सी बनी
कलम होगी तलवार म्यान की
चीखना, मुट्ठियों को बांधना
फींच देना उन मैली सोच को
कुछ भाग में हिम्मत हो
कुछ भाग में साहस हो
आँसुओं को जेब मे न रखना
पेवन सजाना घाव पर
गाँठ बांध लेना हक अपना
बेरहम हैं वो, नहीं सुनेंगे
और कुछ नहीं तो
अपना परिचय ज़रूर देना ॥

Introduction

We will walk with torch
There will be hopes, anguish
Some sleep and food
Keep the food prepared
Tiny feet, long roads
There will be rage, sparks
And one sharp pin
On a pen with the power of a sword
Screams, clenching fists
Wash those impure thoughts away
Some parts of daring
Some parts of courage
Don't carry tears in pocket
Cover your wounds
Tie your rights in knots
They are heartless, they won't listen
And if nothing else
Do give your introduction to them

चलो चलतें है

चलो चलतें हैं
बहली खडी है बाहर
कुछ यार है अपने
उन्हे भी रास्ते में उठा लेंगे
"दुनिया बनाने वाले" वो गीत गुनगुनाते चलेंगे
घड़ी पहन लेना
वक्त रहते पहुँचना है
अलविदा कहने वालों की, संख्या कम होगी
पर निराश मत होना
दिल पर मत लेना

पानी पी लेना
वो पिलाएँगे जरूर
राह लम्बी होगी
तो गला सूख जाएगा
ढेरो लोग होंगे स्वागत करने को
ढंग के कपड़े पहन लेना
चार कंधे जरूर मिलेंगे आसूँ पोंछने को
पर रोना मत
और निराश मत होना
चलो चलतें है
बहली खडी है बाहर   ॥

Come, let's go

Come, let's go
The cart is waiting outside
There are some friends
We'll pick them on the way
We'll go singing the "O the world's maker" song
Wear your watch
We need to reach on time
There will be few to bid us farewell
But don't be upset
Don't take this to heart

Have some water
They'll definitely serve some
The journey is long
And you will get thirsty
There will be many to welcome you
Wear decent clothes
You will get four shoulders for sure to wipe away your tears
But don't cry
And don't lose hope
Come, let's go
The cart is waiting outside

|| मौन हुवा जा रहा ||

Into Silence

"कचरा-कचरा"

एक बुढ़िया
फ़टी हुई साड़ी लपेट कर
रोज़ मेरी गलियों से गुज़रती थी
लोहे का ठेला था उसका
रोज़ ढकेलते देखा था उसे
तितली सा बदन, सूखी आँखे
आवाज़ मे थकान "कचरा-कचरा"
बस यही एक शब्द सुना है
गुज़र जाती थी कहते-कहते
अपने घर की गंदगी
लोग उसके ठेले मे डाल देते
और वो झूल जाती
अपने ठेले पर

आज कई दिन हो गए
मेरा कचरा बाहर पड़ा है
वो अब नहीं आती
मै दूर तक गया
अपना कचरा फ़ेकने
और उस ढेर पर
मैने उसे बैठा पाया
हाथ में दो रोटी लिये
कुछ सोच रही थी
उसके खाने पर मिट्टी लगी थी
मुझे देख, अपना हाथ आगे कर
फ़िर वही एक शब्द, सुखी आँखे
आवाज़ में थकान, कहने लगी
"कचरा-कचरा", "कचरा-कचरा" ||

"Waste-Waste"

An old woman
Wearing a tattered sari
Passes through my lane everyday
She had a hand cart made up of iron
Saw her dragging it everyday
Petite body, lonesome eyes
Tiredness in her voice "waste-waste"
That's the only word I've heard her say
She kept reciting that while passing the streets
People laid down the wastes of their homes
In her cart
And she used to swing to push
Her hand cart

It's been quite a long time
My waste is lying outside
She doesn't come here anymore
I had to walk for long
To throw away my waste
And on the pile of waste
I saw her sitting
She was holding two chapattis
And thinking something
Her food was covered with mud
There was mud on her eyes too
She looked at me, moved her hand forward
Recited the same word again, with lonesome eyes
With tiredness in voice, she said
"waste-waste", "waste-waste"

बंधन

ऊन्हे हमारी याद नहीं आती
ऐसा सोच हम भी भुलाने लगे उनको
और फिर कहीं से उनकी तस्वीर नज़र आ जाती है
तो सोचते "क्या गुनाह", केवल हम ऊन्हे याद करे तो

दुनिया चाहे कितने लम्बे फ़ासले करे
उनकी आवाज़ मात्र ही चाहत बढ़ा देती
आखिर दूरियाँ हीं तो यादें ताज़ा कर जाती है
किसने कहा हमे और जन्म लेना होगा उन्हे पाने को

बेशक घर आने पर कोई इंतज़ार नही करता
सुबह की न चाय, न अखबार मिलता है
हमे तो इस दकियानूसी की वैसे भी आदत नहीं
उनका नाम होंठो पर हो और क्या चाहिए जीने को

वो कहते है, हमारा भी वक्त आएगा
जब वो सिरहाने बैठ अपनी दूरियों के घाव पर मरहम लगायेंगे
हम तो बोरिया बिस्तर बांधे उस दिन के लिए बैठे है
कभी डाकिये को भेज, अपने घर आने का निमंत्रण तो दो

कटुता है, निर्दयी लोग भरे है संसार में
मर जाता है प्रेम इस दुनिया से लड़ जाने को
पर हम आएँगे तुम्हारे लिए एक दिन ज़रूर
विवाह वाला हमारा वो कमज़ोर हुआ बंधन दोबारा बांधने को ‖

Bond

She never misses me
With this assumption, I started forgetting her too
And then suddenly, I see her picture somewhere
Which makes me think what's wrong if I miss her?

No matter how long the distance is
Just her voice gives me the energy to live
After all, it's the distance that keeps memories fresh
Who says I'll have to be born again only to be with her?

I agree no one waits for me when I reach home
No one gets me a newspaper or a cup of tea every morning
As it is, I'm not interested in these frivolous habits
With her name on my lips, I don't need anything else to live

They say, even my time will come
When she'll be next to me, applying salve on wounds of distance
I am waiting for that day with utmost enthusiasm
Just send the postman with the invitation of visiting your home

The world is replete of cruel and merciless people
Love is defeated while fighting for its rights
But I will definitely come for you one day
To tighten the bond of our weak marriage once again

आतंकवादी

घोड़े पर उंगलियों की कंपन
ख़ामोशी बयान करती है
जिस विद्यालय का
विद्यार्थी हुआ करता था कभी
आज वहाँ बच्चों के खून से
दीवारों पर कलाकारी कर आया हूँ

मेरे ही बोए पेड़ की सूखी
टहनियों के छिलके निकाल कर
पत्थर से रगड़-रगड़
अपना नाम गोदा था कभी
उसी नाम पर रस्सी चढा
लोगों का सर लटका आया हूँ

जिसे बहन माना था कभी
कंधे पर बिठा कर उससे
बगीचे के आम तुड़वाया करता था
उसकी आबरू छल्ली कर
आज अपनी हवस
कोख में डाल आया हूँ

हमारी क्रांति है ये
ऐसा वै चीख जाते हर दम
ना जाने किसकी आज़ादी के
बलिदानी बन बैठे है हम
सैंकड़ों के खून से सदा गीला रहा
मै जिहादी नहीं, वादियों में फ़ैलाता आतंकी हूँ ॥

Terrorist

Vibration of fingers on the trigger
Talk about silence
I was once a student
Of the very same school
And today, with the blood of children
I have painted artworks on walls

Removed the skin from branches
Of the tree that I had once planted
And by rubbing them with stone
I used to write my name
Now on those names
I have hanged innocents

The girl whom I once considered my sister
And carried her on my shoulder
To pluck mangoes from the tree
I have snatched away her integrity
Today, I have ingrained my lust
In her womb

This is our revolution
That's what they scream always
Don't know whose independence this is
For which we keep sacrificing
I'm covered with the blood of millions
I'm not a revolutionary but a terrorist of the valley

बलात्कार

कसक मन की वो ना बोलें
फ़ासलों मे रात कट जाती है
चाँद रूठे ना तो क्या करे
और भीगी मिट्टी उन आँसुओं को समेट कर

मर्द होने का पाप माथे पर लगा है
किसी साल घाट पर धोने आऊँगा
जब चार धाम का भभूत
चूरन बना अपने होठों से लगा कर

ये कैसी और किसकी लाचारी है बंधी हुई
किस मरज़ की अधूरी कहानियाँ लाशे बनीं
क्यों बालों को छील कर, सींघ लगा लिए
चीरते फाडंते, चले मुस्कान सजा कर

सनसनी है, कपड़ों का भंडार है
रुकी साँसें और होठों पर शब्द थमे हुए
वो बेबसी अब सुनाई नहीं देती किसी को
बलात्कार, नंगे है वो चीखें दबोच कर ‖

Rape

Cannot speak the weary mind
Night ends with the distance
Why won't the moon be upset?
And the wet mud collects the tears

The sin of being a man is enforced on me
Someday, I will wipe the sin at the river banks
When the ashes of four abodes
Are applied on my lips as a mixture

What kind and whose helplessness is this?
Whose incomplete stories lie as dead bodies?
Why their hair has been replaced by thorns?
Being torn apart, but still walking with a smile

There is silence, bundles of clothes
Halted breaths and words stuck on lips
That weakness which no one can hear now
Rape, they are naked and nabbing the screams

फ़ुर्सत मिलती ऐ ज़िन्दगी

फ़ुर्सत मिलती ऐ ज़िन्दगी
तो हिसाब कर लेते
वरना कमाने वाले तो
सिक्के ढूंढते है फ़ुर्सत नहीं

चुराने की आदत हमारी
बचपन में ही छूट गई
काश लिए चले होते...
आज सुकून तकिए तले होती

घर वालों से सीखा केवल प्रेम
जो हमारे साथ बड़ा हो गया
थोड़ा क्लेश मिलाए होते तो
नफ़रत और तरक्की की दही जमी होती

पैसे कमाने भागते रहे
इज़्ज़त कौड़ी भाव बेच कर
तेरे साथ वक्त निकालता अगर ज़िन्दगी
तो शायद ख़ुशियाँ कमाई होतीं

दिनचर्या ज़हर में घुली है
अमृत से तो मुँह धो लिए
वक्त रहते यदी सम्हल जाते
तो आज राहू सी मुंडी ना कटी होती ||

If Only I could Get Some Time O Life!

If only I could get some time O life
I would have done the calculation
Otherwise the people who earn
Hunt for coins and not time

My habit of stealing
Got lost in childhood
I wish I had not let it go
And today I would have been relaxing on my bed

Family taught me only love
And it grew along with me
If it was mixed with some agitation
Hatred and success would have come along

I was just running around to earn money
After selling respect for pennies
If I had spent some more time with you O life
I would have earned happiness

Life is mixed with poison
I have washed my face with nectar
If I had learnt everything on time
I wouldn't have been decapitated like Rahu

चोर

मै कौडियाँ बटोरता
राहों को टटोलता
फूँक-फूँक खर्च कर
ज़िन्दगी गुज़ारता
नज़र नज़र मे कुछ नही
मैं कुछ नही हूँ मांगता
जो पाया खुश
ना पाया तो, मेरा ना था
लालच नही, चाहत नही
आधे अधूरे प्रेम पर
लड जाने का जुनून था
खुशियाँ लिये मै सूटकेस
में डाल कर था जा रहा
एक चोर था जो सूटकेस
ख़ुशियों के साथ ले गया
मै चीखता, चिल्ला रहा
कोई था नही, दोषी कहूँ
मै किसको ये इलज़ाम दूं
कैसा था वो जीव जो
इन्सानियत नहीं जिसे
तकलीफ़ ना वो जानता
वहीं खडा मै ढूँढता
आसुँवे सम्हालता
सूटकेस की छवि
सोच कर निहारता
मै कौडियाँ बटोरता
राहों को टटोलता   ॥

Thief

I collect pennies
And find paths
I spend every penny wisely
And spend my life carefully
There's nothing in my eyes
There's nothing that I ask for
I'm happy with what I have
Whatever I don't have, never belonged to me
No greed, no desires
But for an unsuccessful love
I was willing to fight hard
With happiness packed in my suitcase
I was all set to go
But there came a thief
Who stole my happiness along with my suitcase
I screamed, I shouted
There was no one to be blamed
Whom should I blame?
What kind of a human was he?
With no humanity
Who couldn't understood pain
And I stood there, searching for my happiness
Controlling my tears
I kept looking endearingly
At the shadow of my suitcase
I collect pennies
And find paths

॥ उन लोगों को ॥

Those People

काका मला वाचवा

इस मिट्टी पर रेंगा है इतिहास ने
विद्रोही दीवारों ने झेला बारूद
खून ने किया लोट-पोट पत्थरों पर
और आज खडा सजाए माथे पर सुकून
किसकी चीखें...
इन चट्टानों पर अपना सर पटकतीं
लोहे की ज़ंजीरे बंधी किवाड़ पर
और उनके पीछे दहाडती जीत की भूख
घोडों का हिनहिनाना, हाथीयों के आसूँ
ये किला उन चीखों का मुजरिम है
"काका मला वाचवा" वो गूंजती एक रुह
ये सूनी खडी अध-जली दीवारें
शनिवार वाडा का भूला हुवा वजूद ||

Uncle, Please Save Me

History has crawled on this land
Rebellious walls have suffered explosions
Blood has been splashed on these stones
And today, you stand there in peace
With excruciating screams on your forehead

Banging head on these walls
Are iron chains tied on doors
Behind them lies the roaring hunger to win
The neighs of horses, the tears of elephants
This fort is a convict of those screams
The echoing soul of "Uncle, please save me"
These lonely, half-burnt walls
The lost existence of Shaniwarwada

बुधिया

एक साहस था
कुछ सूखे पत्तों के हवाओं मे लिपटा हुआ
एक उलझी हुई डोर
और सर के बल लगी मोतियों की कतार
वक्त अपनी विडम्बना के ढोल बजा रहा
कुछ गिनी चुनी राहे, लाँघ गया था वो
बुधिया के दौड़ते कदमों की पुकार
सज़ा का रूप, साहस का मुखौटा पहने
उन मोतियों के मोल से बेखबर
अनदेखे मंज़ल को तराशने
दौड़ता चला गया, ना जाने कहाँ किधर
तालियों का शोर था
कुछ कदम भी साथ मिले
पर धूप मे गिरी बारिश
ना जाने कहाँ लुप्त हो गई
दोषियों की जेबें भरीं है
और निर्दोषों को
तमाशा देखने भी ना मिला
खचा-खच भरी इस भीड़ मे
चीखने वालों तक की आवाज़ नही आती
काले बादलों के उस झुंड मे
वो बुधिया भी कहीं खो गया   ॥

Budhiya

There was courage
Engulfed in dried leaves
One tangled knot
And a chain of pearls beside the head
Time is celebrating its helplessness
He had taken a few countable steps
There was a sound of Budhiya's running footsteps approaching
Wearing the face of penalty and mask of courage
Unaware of the pearls' preciousness
In search of the unseen destination
He went on running, no one knows where
There was a clamor of applause
Few other steps joined as well
But the rain in sun
Vanished in no time
The culprits have their pockets full
And the victims
Didn't even get to see the drama
In this huge crowd of people
The screams can't be heard
And amidst the crowd of dark clouds
Budhiya too vanished

दशरथ माँझी

फगुनिया के फ़िसलते पैरों ने
मशाल जलाया था
जो दशरथ ने पहाड़ की
ऊँचाई नाप डाली
किसी के कहने से नहीं
प्रतिशोध था प्रेम का
जो पत्थरों को झंझोर कर
राह बना गई

"तू क्या चीज़
है तेरा क्या वजूद
किस हक से मेरे हक पर
अपनी बुरी नज़र लगाई
सदियाँ गुज़र जाएँगी
ये आँसू ना बहेंगे तुझ पर
छल्ली ना किया तेरा अहंकार
तो दशरथ माँझी नाम नही"

मुसकाता वो पर्वत
अपनी आँखे मूंद कर
"तेरे होने का ज्ञान
तुझे दिलाना था बस"
इश्क की परिभाषा कई
पर जो सुकून सदियों तक
पनपता रहे दिलों मे
वो अमर तेरा प्रेम माँझी   ॥

Dashrath Manjhi

The slipping feet of Phalguni
Lit the torch
That made Dashrath measured the
Height of the mountain
No one influenced him
It was his love for revenge
That jolted the stones
To make a path

"What are you?
What's your value?
With what right
Have you laid your evil eyes on my right?
Ages will past
But you won't be able to make me cry
If I don't tear your pride apart
Then my name is not Dashrath Manjhi"

The mountain smiled
Closed his eyes
"The knowledge of your existence
Was something that you needed to know
Love has many definitions
But the relief which has been
Beating in your heart since ages
Is your immortal love Manjhi!"

हार

वो रसिक आँखे जो कभी
सपनों से मधु निचोड़ लेती थीं
सामने आइना रखा मेज़ पर
और बंद आँखो से मंजिल तराश्ती
पैरों में जैसे नाल ठुके हुए हो
आज होठों से मिन्नते, हाथ कर रही गुहार
पास नही जो उचक के तोड़ लेता
करता हू झूमती हवाओं से गिरने का इन्तज़ार
आँखे जैसे थाली परोसे बैठी है
क्या इतनी दुखदाई होती है हार ||

Defeat

Those pretty eyes that once
Used to squeeze honey from dreams
The mirror kept on the table
And crafting destinations with closed eyes
As if a horseshoe is nailed on the feet
Today there are wishes on lips, pleadings on begging hands
It's not close that I can jump and get it
I'm waiting for the blowing winds to calm down
As if eyes are waiting eagerly with an empty plate
Is the feeling of defeat so painful?

हिन्दुस्तान, पाकिस्तान

कोई पूछे तो बोलूँ
पड़ोस के बगीचे से
फ़ूल की ख़ुशबू
मेरे बरामदे से अब नहीं गुज़रती
हमारी ज़ात बदल गई है
नहीं रही प्रेम की परिभाषा
कुछ किताब के पन्नों पर
किसी ने चार शब्द क्या लिख दिए
सोंच ने जैसे अपने अर्थ बदल लिए

सवाँरने का शौक
हमने ना पाला था कभी
किन्तु परन्तु लेकिन अफ़सोस
लोहे के तारों को मोड़ कर
धरती के टुकड़े सजा दिए
भाइयों मे लड़ाई
परदे पर अच्छी लगती है
हम तो एक ही तन थे
कुछ टोपी धारियों ने
रिश्तों के नाम पर
राजनीति खेल गए
और बँट गई हमारी माँ
हिन्दुस्तान, पाकिस्तान ||

India, Pakistan

Will tell the ones who ask
From the neighbor's garden
The fragrance of flowers
Does not enter my veranda anymore
Our castes have changed
The definition of love does not exist anymore
On the pages of some books
Someone wrote a few words
And thoughts changed their meanings

The art of decorating
Was never our hobby
But, however, it's sad that
After bending the wires of iron
The pieces of land have been decorated
Fight between brothers
Looks good in movies
We were a part of the same body
Some men with crowns
Under the pretext of relations
Played politics
And divided our mother
India, Pakistan

वंदेमातरम्

तेरे माथे से कलंक मिटाऊँ
या अपने दिल से हार का भरम
एक नाम मेरी साँसे लेती है
वंदेमातरम् वंदेमातरम्

तेरी आन सजी है मेरे दिल मे
झेलता है सीना गोलियाँ हर दम
आँसुओं को तेरी साहस बनाया है
उठा लिया है तेरी गली गली का ग़म

जुगनुओं का दीप साथ है बटोरे
जात-पाँत अपनी सब भूल गए हम
शहीदों का ख़ून माथे पर सजाए
तीन रंग बांध कर जुटाया अपना दम

लिए तुझे सबसे आगे खड़ा हूँ
जीता हूँ तुझ पर, मर जाना है करम
कदमों से तेरे, मेरे कंधे सज गए
ये गर्व है मेरा, ना भेद ना शरम

जीना मेरा गुरूर है, मरना मेरा जुनून
मिट जाऊँगा तुझ पर, ज़रा बढ़ा कदम
कण-कण मेरा उधार है
वंदेमातरम् वंदेमातरम्   ॥

Vande Mataram

To remove the mark of disgrace from your forehead
Or the illusion of defeat from my heart
My breath always takes your name
Vande Mataram, Vande Mataram

Your pride is decorated in my heart
My chest bears the bullets always
I have made your tears my courage
I have lifted your sorrow from all corners of the streets

I have collected the lights of fireflies
I have forgotten caste and religion
I have decorated my forehead with the blood of martyrs
I have tied three colors and collected my strength

I'm holding you and leading the path
I live for you, dying will be my duty
With your steps, my shoulders have been decorated
This is my pride, no distinction and no shame

Living is my pride, dying is my obsession
I will die for you, just take a step ahead
Every cell of my body owes you
Vande Mataram, Vande Mataram

॥ चुप्पी साधे ॥

Hushed

मुस्कान सजाता

भावनाओं के बवण्डर मे आकर
ख़ुशियों की अंतिम सीमा जलाता
मच ना जाए शोर गगन में
बादल बन कर आकाश हिलाता
फ़ूलों की सेज न मिले अगर
काँटों से ही मंजिल सजाता
तकदीर के इस भोलेपन से
कराहों के दो बोल सुनाता
बीत गए गुजरने वाले
हर पहँसुल पर दाग लगा गए
काश कि फिर मिलती वो खुशियाँ
तो चहरे पर मुस्कान सजाता ||

Decorate A Smile

Into the storm of emotions
I burn the last moments of happiness
To avoid noise in the sky
I turn into a cloud and shake the sky
When I can't find a bed of flowers
I decorate the destination with thorns
With the innocence of fate
I speak few words of lament
Gone are those people
Who left the scars on a knife
I wish I could find that happiness again
And then I would decorate a smile on my face

जब उदास होता हूँ

धूल पंख लगा कर उड़ने लगती
कपड़ो को मैला कर जाती
आँखें खोलूँ या बंद रखूँ
दिन धुँधला, रात काली दिखती है
मेरे साथ-साथ मच्छर भी
अपना घर बदल लेते
और काटने वाले तो
जागते हुए भी काट जातें है
ठंडे पानी की छीटें चिढ़ाने लगते
और नहाना जैसे भूल गया हूँ
उचट लगता है सब कुछ
जब उदास होता हूँ ॥

Whenever I Am Sad

Mud would fly with wings
Keeps passing by smearing the clothes
To keep my eyes open or closed
The days appear blurred, nights look dark
Mosquitoes along with me
Shift their homes
And the ones who bite
Would even bite during the day
The cold water drops are teasing
And I have forgotten how to take a bath
Everything feels monotonous
Whenever I am sad

पूर्णविराम क्यों

कमाने के तरीके एक
खर्च के अनेक क्यों
है ग़रीब ठीक
पर लाचार क्यों
चाहतों को पाने की
जी-तोड कोशिशें करे
लेकिन सपनों को सँवारने का
जिगर नहीं है क्यों

हजारों फ़ूँक दिए
लाखों लुटा दिए
पर दो रुपए कमाने में
पसीने आते क्यों
उलझ कर सवालों से
प्रश्न चिह्न मिटाने का
आदत बना लीए, पर
पूर्णविराम लगाए क्यों ||

Why A Full Stop?

One way of earning
But, why so many ways of spending?
Fine if poverty exists
But, why the helplessness?
To achieve the desires
Try all the possibilities
But to decorate dreams
Why is there no strength?

Spent thousands
Wasted lakhs
But, even to earn pennies
Why do we sweat?
Getting engulfed in questions
Of removing the doubts
Is now a habit
But, why a full stop?

संताप

किताबे रखीं है मेज़ पर
सोफ़ा है गद्दे के साथ
टेढी-मेढी लेटी हुई
कुर्सी के पैरों में चक्के लगें
पर खडी है चुप चाप
चौखट पर ज़रा सी मिट्टी बिछी
पर झाड़ती नही
पीछे से लटकी, दीवार पर
घडी की सुइयाँ घूमती रही
कहीं जाती नहीं
चाभियों के छल्ले
कीलों पर टंगे हुवे
बिजली के तार
यहाँ-वहाँ उलझें पडे
बस एक पंखा है ऊपर
पसीना बहाए, मेरा पसीना पोंछ रहा
संताप में मन घिरा हो
तो हर कोई नज़र आता है ॥

Sadness

Books are kept on the table
Sofa with the cushions
Lying upside down
Wheels are fixed on chairs
But they are standing still
There's some dust at the entrance
That has never been cleaned
Hanging from behind, on the wall
The needles of the watch move
But, they never go anywhere
The bunch of keys
Hanging on nails
The electric wires
Entangled here and there
There's just a fan above
Perspiring, wiping my perspiration
When the mind is full of sadness
Everyone becomes visible

भीड़

दारू की दुकान लगी है
हर तरफ़ लोग नाचते-झूमते
शीशे शराबों के झलकते हुवे
और बोतले लुड़कती
शाम गुज़र रही
वो काले सूट मे पहलवान खडा
मेरे पसीने पोंछने को
नहीं जानता कहाँ हूँ
कुछ टिमटिमाती बिजलियाँ है
कमर ठुमकती बदहोशी है
और इस हिलती-डुलती भीड़ मे
मै भी बेहोश झूमता
न कोई धुन है, न सुर है शोर में
बस धड़कने हैं, मदहोश मरती हुई

यूँ सालो गुज़र जाते है लेकिन
खुद को सदा भोला-भाला पाता हूँ
बस सजे-धजे लोगों की भीड़ है
और मै इस भीड़ में भी अकेला हूँ ॥

Crowd

Liquor stalls all over
People are dancing everywhere
Glasses of alcohol dazzling
And bottles rolling
Evening is about to end
The wrestler standing in a black suit
Is here to wipe my sweat
I don't know where I am
There are some blinking lights
Dancing intoxication
And in this jostling crowd
I also roam unconsciously
No music, no melody in noise
Just heartbeats, dying

Years pass like this
But, every time I find myself innocent
Just a crowd of well dressed people
And I am all alone in this crowd too

एक और भीड़

एक और भीड़ से गुज़रा मै
आमंत्रित था इस भीड़ में
सजे-धजे थे सब
और मै उनमे निखट्टु सा
एक कोने वाली कुर्सी पर
अपना मुँह छुपाए बैठा
यूँ लगा मानो भटक गया हूँ
अपना शब्दकोश कही छोड़ आया हूँ
कुछ विचार इस भीड़ से
दुल्हा-दुल्हन में उलझ गए है
शाम से भोजन का भंडार
और ढक्कन चढते उतरते
हर स्त्री यहाँ रानी बनी
और पसीना पंखे की हवाए पोंछती
एक सुरीली धुन बराबर बज रही
संगीत ने अपनी लय पकड ली थी जैसे
और अचानक ये अहसास दोबारा हुआ

मै क्या टटोल रहा हूँ यहाँ
कुछ भी तो नहीं है, मेरा अपना जिसे कहूँ
बस सजे-धजे लोगों की भीड़ है
और मै इस भीड में भी अकेला हूँ ||

Another Crowd

I passed by another crowd
I was invited in this crowd
Everyone was well dressed
And amidst them, I was the dissenter
I sat on the chair in the corner
And hid my face
It felt as if I was lost
As if I left my dictionary somewhere
Some thoughts in this crowd
Were entangled between the bride and groom
Since evening the food bank
And the lids went moving up and down
Every girl became a queen here
And sweat wiped the winds of fans
A melodious music was playing continuously
With a beautiful rhythm in the song
And suddenly I felt again

What am I searching here?
There is nothing here, which belongs to me
Just the crowd of well dressed people
And I am alone in this crowd too

|| आमंत्रण ||

Invitation

आमंत्रण है परेशानियों का

आमंत्रण है परेशानियों का
अधूरी सी लिखावट, पर गुज़ारिश है
साहस भरा बक्सा लिए, चौखट लांघ गया
और कुछ ओस की बूंदों ने शहर पराया कर दिया
डगर रही ढलान पर
किस मोड़ जाएगी, ये मै खुद ना जान पाया
सब जने दूर हो गए हैं
या मै छोड कर दूर आ गया हूँ
दोनो तरफ़ से आमंत्रण मेरे नाम का है
नींद मेरे साथ नही आई सोने को
मै घूम-धूम कर सिलवटें बनाता रहा
लेकिन नेवते में मेरी लुगाई भी थी
उम्मीदों को गाँठ में बांध कर आया हूँ
आमंत्रण है परेशानियों का ||

An Invitation From Problems

I have an invitation from problems
With incomplete messages, but a request
Carrying the briefcase of courage, I crossed the limits
And some dew drops made the whole city unfamiliar
Walking on the steep
Which turn to take, I myself could not understand
Everyone is away
Or I have left them and come far away
From both the sides, the invitation was on my name
Peace did not come with me to take a long nap
I kept creating folds on the bed
But my wife was invited too
I have arrived with the knots of hopes
I have an invitation from problems

सपना है हँसते चलने की

करतल पर खुशियाँ सिमटेंगी
उम्मीदों के दीप जलेंगी
ख़ामोशी के नीव तले
मुट्ठी भर खुशियाँ दफ़नेंगी

गिला नही कोई जीवन से
नहीं करूँ शिकायत मन से
कुछ टूट गए, कुछ और सही
पर तनहाई मंज़ूर नही

है कौन धरा पर साँस मेरा
किसे बताऊँ पीड़ा मन की
वाचक मन से किसे पुकारूँ
अरमाँ है कुछ कह जाने की

चाह नही पाथर रहने की
राह नही ज़ख्मे पगडंडी
बस आशा के दो बूंद लिए
सपना है हँसते चलने की ||

A Dream To Walk Happily

Happiness will gather at the banks
The torch of hope will burn
At the foundation of silence
A handful of happiness will be buried

No regrets with life
And nothing against my soul
Some were broken, let it be a few more
But I am not ready to accept loneliness

Whom does my breath belong to?
Whom to share my distress with?
With this painful heart, whom should I call?
I always have a wish to say something

I don't have an interest to stay slim
There are no paths but wounded rough terrains
With a few drops of hope
I have a dream to walk happily

अब घर जाने दो देर हुई

फ़टे कपडों का फ़ैशन है
गरीबी रास नहीं आती
और झूम के दारू संग ले अपने
चले हैं बाजा बाराती
नौ से छह का समय नहीं है
निशाचर हैं हम सन्यासी
सूरज हमे सुलाने आया
चांद ने जैसे चादर ओढ़ी
सूट-बूट का वक्त निराला
फ़टी हुई चुनरी कुरते की
आदर भाव भूल गए हम
करते जीते नौटंकी
लीला है सब लीला है
मोल उसी का वही धनी
रूठा है सबका अन्तर्मन
मनाने वाला कोई नहीं
शायद हम आज़ाद हुए थे
पर गुलामी हममे बसी रही
ये गलत पता है कहाँ आ गए
अब घर जाने दो देर हुई
अब घर जाने दो देर हुई   ॥

Let Me Go Home, It's Late

There is a fad of torn cloths
Staying poor is not delightful
And carrying liquor with excitement
The wedding band team is walking
The time is not between nine and six
We are the slaves of the night shift
The sun rises to let us sleep
And the moon is covered with a blanket
It's the generation of suits and boots
The scarf material is all torn
We have forgotten respect
We do and live an act
Everything is just a play
Valued are the people with cash
Everyone's soul is upset
But there is no one to console
We do receive freedom
But slavery always lies within
I have come to the wrong address
Let me go home, it's late
Let me go home, it's late

कुछ घाव में सूजन नहीं होती

कुछ घाव में सूजन नहीं होती
न पीप, न खून निकलता है
एक तनाव और अधूरा शोर
कानों के बाहर से ही गुज़र जाते हैं
दाएँ-बाएँ खोजता मै कोना कोई
फिर ऊब कर चिढ सा जाता हूँ
बेड़ियों मे बंधे पैर
भारी-भारी से लगते हैं
चीख रहा हूँ, शायद रोना भी
किन्तु चहरे-आँसू जैसे बे-गाने हो जाते हैं

कुछ घाव में सूजन नहीं होती
न पीप, न खून निकलता है
बस आँखे है जो बोल जाती हैं
यदि कोई सुन सके तो, देख सके तो
पराए रहते अपने घर में
तनख्वाह किसी और की आती मेरे पते पर
मायूसियाँ सुला जाती लाचारियों को
अंधेरा बेवक्त दस्तक दे जाता है
नही चाहिए किसी का प्यार, सद्भावना
घाव पोसने का अब आदत डाल लिए हैं ||

Some Wounds Don't Get Swollen

Some wounds don't get swollen
No pus, no blood
Stress and an incomplete noise
Pass by from the ears
I look for the corner left and right
Then I get upset with frustration
My feet are trapped by chains
And I feel really heavy
I am screaming, perhaps weeping
But, my face and eyes don't express anything

Some wounds don't get swollen
No pus, no blood
Just the eyes that speak away
If anyone can hear, can see
Strangers stay in my house
Someone else's salary comes at my address
Sadness suppresses helplessness
Darkness abruptly knocks on my door
I don't want anyone's love, goodwill
I now have a habit of retaining my wounds

वो शहर जो पराया था

वो शहर जो पराया था
दस बीस पन्ने छोड़ आया वहाँ
फूटे बर्तन, फटे कपड़े
बाई ले गई
छोड़ आया वहाँ
गाँठ में बंधे
यादों के आसूँ

वो शहर जो पराया था
कुछ किस्से सुना गया
पर्वतों की आड़ में
मूँछें ऐंठता था
कुछ लंगोट बांटने वाले
प्रेम की पेशगी दे कर
यार जोड़ लियें

वो शहर जो पराया था
कभी अपनों को भुलाने ना दिया
चंद अक्षर और शब्द
वहाँ रख आया हूँ
मेरे अंधेरे घर का उजाला
लौटूँगा नही, क्या पता
आखिर शहर जो पराया था ||

A Strange City

A strange city
I left ten-twenty pages there
Broken vessels, torn cloths
Were taken by my maid
I left there
In knots
Memories of tears

A strange city
I shared a few stories
Beneath the mountains
Curling its mustache
Few underclothes sharers
Gave love in advance
And became good friends

A strange city
Never let the loved ones forget
Few words and alphabets
I kept there
Whether the light of my dark house
Will return or not, I don't know
After all, it was a strange city

गले मिलने वाले ना जाने कहाँ चले गए

जरूरतों का मोल कम हो गया
पैसे के पैर बड़े हो गए
घुटनो तले झुका हुआ है साहस
पसीने के रूप, खून के रंग बदल गए

गर्मी हिम्मत जुटा देती है
बारिश में पसीने सूख जाते है
सरदियों मे बाट जोहती आँखो को
बदलते गए मौसम, तन्हा घाव दिला गए

सूनी कोख उस अधनंगी विधवा की
पूछने वालों ने घर बदल लिए
चप्पल खड़े तैयार चौखट पर, लेकिन
गले मिलने वाले ना जाने कहाँ चले गए ||

Where Have The Ones Who Embraced Us Disappeared?

The value of necessities have reduced
Legs of money have grown
Courage is at the knee level
The face of sweat, the color of blood has changed

Summer gives strength
Sweat dries in rain
The waiting eyes in winter
Were kept changing by weathers who left behind lonely wounds

The half naked widow's empty womb
The concerned ones have changed their homes
The slippers are ready at the doorstep, but
Where have the ones who embraced us disappeared?

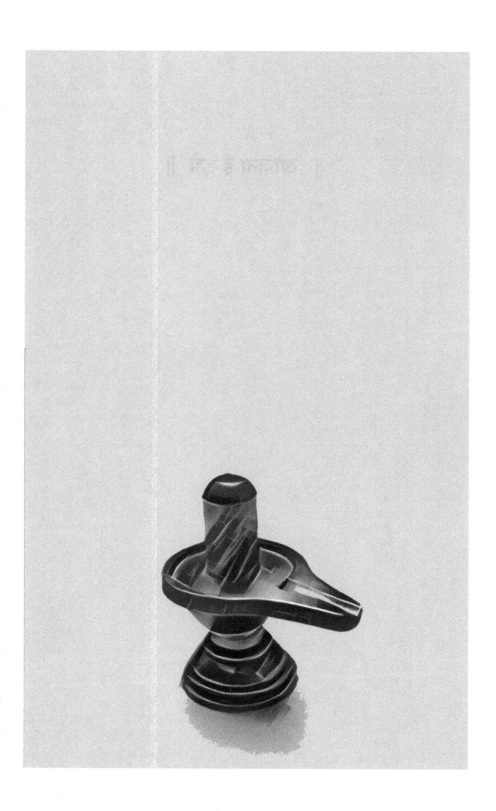

|| खोजना है तुझे ||

Need To Find You

ऐ ख़ुदा कहाँ छुपा

बजा रहा मृदंग वो
मै सिप्पियाँ समेटता
ना जाने किसका दर्द ले
राहों को मैला कर रहा
वो पर्वतों के छोर पर
क्यों शोर है मचा रहा
शून्य है आकाश मे
न जीव है, न जाँ जहाँ
चक्कियाँ डगर रहीं
लोट-पोट सर ज़मी
वो लाशों के पहाड़ पर
कुहुँक-कुहुँक के रो रहा
जादू उसके हाथ में
भारी मन सुकून दे
जाड़ मे ये तप रही
सूखी रूह भूमि की
मै किस गली पे मोड़ लूँ
हर राह पर एक श्राद्ध है
दोहराया युग सबके लिए
ऐ ख़ुदा कहाँ छुपा ||

God, Where Are You Hiding?

He is playing drums
I am collecting shells
I don't know with whose pain
He is smearing the path
On the peak of the hill
Why is he making noise?
There is nothing in the sky
No life, no soul there
Wheels are tossing down
Rolling land
On the mountain of the dead
Weeping inconsolably
Magic in his hands
A heavy heart gives relief
Burning in the winter
The dried soul of land
Which turn should I take?
There is a memorial on every road
The era has repeated itself for everyone
God, where are you hiding?

एक काला लिंग सा पत्थर

एक काला लिंग सा पत्थर
मकड़ियों ने जाले बना रखें थें उसके आस-पास
कोई धोती बदलने आया था यहाँ
फटी वाली छोड़ गया है
और वो अधनंगा चुरकी वाला पंडित
कहीं और घंटी बजा रहा

तेरह सौ साल से ये शिवलिंग
यहीं रखा है, ऐसा कहते है लोग
आशा के फ़ूल साथ लिए
सब अपनी पीड़ा यहाँ छोड जातें है
कोने के बिल मे छुपा चूहा
इन्तज़ार में है सबके जाने का
ताकी अपने हिस्से का प्रसाद
शिवलिंग से उठा ले जाए
और शायद शिव उसें देख
मुस्कुरातें होंगे

यदि हाँ ...

तो प्रभू मेरा प्रसाद
क्यों छीन ले जाते हो
क्यों नहीं मुस्काते हो मेरी चोरी पर
क्यो मेरी दरिद्रता पर
दुनिया के ठहाके निचोड जाते हो
बहुत दूर आ गया हूँ तुझसे जवाब मांगते-मांगते

यदि नहीं ...

तो ऐसे पत्थर तो हर रोज
तोड़े और बनाए जातें है
और कुछ तो हैं पहाड़
केवल पत्थर के बने हुए
कई हज़ारों साल से पड़ें है
न पूछता कोई, न पूजता है

मै क्यों आया हूँ यहाँ
और क्या कहूँ तुझे
एक काला लिंग सा पत्थर ||

A Black Gender-Like Stone

A black gender-like stone
There were spider webs around it
Someone came to change his trouser here
And left the tattered one
And that half naked priest with a pony
Ringing the bell somewhere else

From the last thirteen hundred years, this Shivalinga
Has been kept here, that's what people say
With the flower of hope
Everyone leaves their pain here
The rat hiding in the hole at the corner
Was waiting for everyone to go
So that his part of the prasadam
Can be picked up from the Shivalinga
And Shiva after looking at him
Must be smiling

If Yes...

So God, my prasadam
Why do you always take away?
Why don't you smile when I steal?
Why on my penury
You let the world laugh?
I have come far to look for my answer

If No...

Then stones like these, every day
Are broken and sculptured
And there are some hills
Made only with stones
Lying from thousands of years
No one asks them, no one worships them

Why have I come here?
And what should I say?
A black gender-like stone

ना जाने वो कौन गली में छोड गया मुझे

आधी रोटी रखी थी मैने
पीछे वाली गली के मोड पर
ना जाने कौन चाट गया उसे
अपने ही कानों को बंद कर
अपनी आवाज़ पर विराम डाल
ना जाने वो कौन गली में छोड गया मुझे

सूख गई वो माँ की आवाज़
जिसकी कराह पर मै रो पड़ता
मौन हो गईं यारों की गलियाँ
जिसे सुन कर मै बडा हुआ
चिराग का परवाना था मैं उसके लिए
ना जाने वो कौन गली में छोड गया मुझे

टूटते सितारों की अब आशा नहीं करता
ना ही मुंगेरी लाल के सपने देखता हूँ
एक जलता दीया हाथ मे लिए
आँधी के आने का इन्तज़ार करता हूँ
हाथ मे शंख, सीने पर सत्यमेव जयते
ना जाने वो कौन गली में छोड गया मुझे

अब बटुवे में किसी की तस्वीर नहीं
आँखों में पानी, माथे पर सिलवटें नहीं
वो खिडकी ढूँढता हूँ
जहाँ से दुनिया रँगीन नज़र आती है
मै भीष्म बना, लेटा हूँ बाणों के चादर पे
ना जाने वो कौन गली में छोड गया मुझे

उन यादों पर जीने की इच्छा नहीं होती
वो कराह, वो गलियाँ अब रुलाती नही मुझे
आशा भी नहीं, निराशा भी नहीं
पर बिछे हुए बिस्तर पर नींद नहीं आती
शिकायत नहीं करता, ना थी, ना कहनी है किसी से
ना जाने वो कौन गली में छोड गया मुझे

ना जाने वो कौन गली में छोड गया मुझे ||

I Don't Know Where He Abandoned Me

I had kept half Chapati
At one of the streets
I don't know who licked it
Closing his own ears
Shutting his own mouth
I don't know where he abandoned me

The mother's voice has dried up
And I cried at her agony
Silent are the streets of my friends
I grew up hearing him
I was a firefly for him
I don't know where he abandoned me

I don't wish for the falling stars' now
Nor do I see the dreams of Mungari Lal
Holding a burning torch
Waiting for the storm to come
Shells in my hand, truth on my chest
I don't know where he abandoned me

No one's photo in my wallet
No tears, no tension in head
I look for that window
From where the world is colorful
Like Bhishma, I am lying on the bed of arrows
I don't know where he abandoned me

I don't like to live on those memories
That groan, those streets don't weaken me anymore
No more wishes, no more sadness
But I don't get sleep on that bed sheet
I am not complaining, neither I had, nor I want to
I don't know where he abandoned me

I don't know where he abandoned me

काल युग

ओस की बूंदो से प्यास मिटाने चला हूँ
सुई धागा लिए युद्धभूमि मे खड़ा हूँ
कलंकित किया है, गन्ने का खेत तलवार से काट कर
क्रोधित, विचलित राहू का अधूरा मस्तक बना हूँ

सुलझा हुवा वक्त निकाल ना पाया उलझन से
किताबों के खाल नोच कर, दबते खिलौने बनाया हूँ
अब बारिश की नदियों मे, कागज़ के नाव नहीं डूबते
शीशे की चमड़ियों पर, अपने हाथ फेरता हूँ

फिल्मी सितारों ने रात उजाला कर दिया
मदिरा की घूँट पर, चाँद धुंधला हो गया
गंगा के तीरे पाप ना धो सकेगा कोई
मुर्गियों के गरदन, सूर्यकिरण के रास्ते मरोडा हूँ

बहती हवाओं मे काला रंग घोला है
निर्जीवों को जीने का मकसद बनाया है
दोस्ती अब निभाना नही, जोडना सीख लिए है
परायों को अपना और अपनों को अकेला छोड आया हूँ

किस ओर जा रहें, रास्ता न जंगल झाड़ कोई
इमारतें अब यहाँ बादलों को घेरती खडीं
हवा न आग और न पानी की प्यास है मुझे
मै इस काल को युग और युग को काल दिखाने लाया हूँ ||

Age Of Downfall

With dew drops, I'm on my way to quench thirst
With needles and threads, I'm standing on the battlefield
I have been tarnished, as the sugarcane fields have been cut by swords
Furious, restless has become the head of Rahu

I couldn't sort time out from confusion
I have thrown books and picked up plastic toys
Now in the river of rain water, the paper boats don't drown
I rub my hands on the skin of glasses

The film stars have brightened the nights
With a sip of alcohol, the moon looks blurry
No one will be able to wipe their sins in the Ganges
I have turned the neck of hens, and the path of sun rays

I have mixed black color in the flowing air
I have started valuing non-valuable things
We no more believe in friendship, we only add them
Strangers are respected and family members are forgotten

Where are we heading? No roads, no jungles around
Clouds are surrounded by the tall buildings
I am not thirsty for air, fire or water any more
I am here to show the age of downfall

भगवान तुम कहाँ खो गए

वो कहते हैं तुम भी
कभी हम जैसे मिट्टी से
बने हुए कठपुतलियों की
भाँति नाचते कहीं गिर गए हो

मेरी पुकार में जो शोर वो
तुम तक कभी पहुँचा होता
तो शायद मुस्कान सजाए
बाँट रहे होते ज़माने को

जंगल-झाड कुछ टूटे पत्थरों के
कंकाल बिछे है जो तुम्हारे
अस्तित्व पर कालिक पोते
जैसे कोई सत्य मिटा गया हो

सुना था पाप भारी पड़ जाए जब
आते हो भूले को राह दिखाने फिर
किस प्रलय के इन्तज़ार मे यहाँ
रोक लो विलीन हो रही घुटती साँसों को

विनाशक हैं, दानव बन गए
नाखून बढे है उँगलियों में और
तुम्हारी चुप्पी भरी मूरत को देख
खून ने सवारा है आँखों को

उनके शब्दो में गहराई छुपी
हमे बचाने वाले अब नहीं रहें क्यों
वो कहते है तुम कभी थे ही नहीं
भगवान तुम कहाँ खो गए हो ||

God, where have you been lost?

They say even you
Have fallen
In devotion
Just like mud-like toys

If the callings in my voice
Have ever reached you
Then I would have carried a smile
And spread it everywhere

The jungle of broken stones
The skeletons of yours
Have questions on your existence
As if someone wiped away the truth

I have heard when sins increase
You come to show the right path then
For which disaster are you waiting?
Stop those suffocating souls from vanishing

Destroyers, we have turned into monsters
Finger nails have grown and
Looking at your silent statue
Blood appears in our eyes

There is meaning in their words
Our saviors are no more here, why?
They say you never existed
God, where have you been lost?

तेरी ज़रूरत नही

सब्र का घाव नासूर बन चुका
हौंसलों पर दीमक लग गए
इन्तज़ार करती आँखे तेरे आने का
मन्दिर की घंटियाँ पुकारती तुझे

ज़रिया छिन गया पेट पालने का
उदारता भरीं है खुली बाँहों मे
शोर बहुत है तू दिखता नही
क्रोध बुझ रहे चिंगारियों के

तेरा सामान हजम ना हुवा
अब रस नही इन्तज़ार वाले मीठे फल में
देर भी हुई अंधेर भी हो चला
शायद अब तेरी ज़रूरत नहीं, क्या कहें   ॥

We don't need you

The wounds of patience have turned into scars
Termites are covering our courage
Eyes are waiting for you to come
The bells of temples are calling you

We have lost the source to earn our breads
Generosity filled in open arms
Lots of noise, we cannot see you
The sparks of anger are diminishing

We could not assimilate your luggage
There is no sweetness in waiting
It's late and dark too
May be, we don't need you, what should we say?

॥ उदास ॥

Sad

पता नही क्यों

सदियाँ गुज़र गईं
आँखों मे आँसू ना रहें
न जाने किन अन्धेरों में
आह ढूंढता हूँ
पता नही क्यों

फूलों की खुशबू में
वो ताज़ापन ना रहा
न जाने किसकी आस लिये
चला जा रहा हूँ
पता नही क्यों

ग़लियों में आने वाले
सितारों ने रास्ते बदल लिये
और एक बार फ़िर
पूछने लगा हूँ
पता नही क्यों

न अब वो चीखें सुनाई पड़ती
ना अब आँसू बहते हैं
फिर भी सारे घाव
हरे हो जाते
पता नही क्यों

ये दुनिया सजती नही है अब
और ना सजाने की
चाहत रखता हूँ
फ़िर भी मिट्टी लगी है हाथों में
पता नही क्यों

मासूम सी हैं साँसे मेरी
एक भोला सा चेहरा
प्यार बाँटता हूँ होंठों से
... दुनिया कुरूप कहती है
पता नही क्यों ||

I Don't Know Why

Ages have past
There are no more tears in eyes
I don't know in which darkness
I look for hope
I don't know why

The fragrance of flowers
Is no more fresh
I don't know with whose hope
I am walking on
I don't know why

The stars coming towards our streets
Have changed their course
And once again
I have started asking
I don't know why

I don't hear those screams anymore
Nor do the tears flow
But still those wounds
Start bleeding again
I don't know why

The world is no more decorated
And I have no interest
To decorate it
But still there is mud on my hand
I don't know why

My breaths are innocent
A simple face
I spread love with words
…the world says ugly
I don't know why

सुला दो ना माँ

दूर निकल आया लड़ते लड़ते
और दुश्मनों मे घिर गया
तेरे दिये ताबीज़ में खून
क्या मिटा सकेगी माँ

तू जानती है मै गलत नही था
बस कोई मुझे न्योता नही देता
अपनी मंज़िले बाँटने का
पर वहाँ तू नही हैं माँ

अब नींद नही आती
घर तेरा बड़ा जो हो गया
तेरा कमरा दूर है तो क्या
झाँकने भी नहीं आएगी माँ

देर रात हो जाती बिस्तर पर
तेरे हाथों की चादर अब मेरे
कंधों पर तैरता नही है
मेरे सिरहाने बैठो तो माँ

खटमल का काटना सहन नही होता
ठंड लगने लगी है गर्मी में
खिड़की से दुनिया काली दिखती है
मुझे सुला दो ना माँ ||

Make Me Go To Sleep, Mom

Have come far, fighting
And surrounded with enemies
The amulet you gave is covered in blood
Will you be able to wipe it, mom?

You knew I was not wrong
Just that no one invites me
To share their destinations
But you are not their mom

I don't feel sleepy now
After all, your house is so big
So what if your room is far?
Won't you even come to look once, mom?

It gets late on the bed
The blanket of your hand now
Doesn't float on my shoulders
Will you sit beside me, mom?

The bites of bedbugs are unbearable
I feel cold in summer
The world looks dark through the window
Please make me go to sleep, mom

ऐसा न था मैं

आकाश से किसी के लिए तारे तोड़ लाऊँ
ऐसा न था मैं
कुछ कहना चाहा, कुछ और कह दिया
ऐसा न था मैं
सर को दाएँ-बाएँ घुमा कर
कोहरे मे ढूंढता हूँ किसी को
अपनों को छोड़ कर इतना दूर आ जाऊँ
ऐसा न था मैं

अब मेरे कपड़ों पर लगे मैल को
साफ़ करने वाला कोई नही
मै अपने आँसुओं को पोंछ कर
खुद दफ़नाने लगा हूँ
पैरों में दर्द होता है
फिर भी तेज़ दौड़ जाता हूँ
कोई मुझे बुलाए, मै वापस ना आऊँ
ऐसा न था मैं

अब बादलों की गलियों में
मेरे पतंग जा नहीं पाते
सूरज तो अब दिन में भी
धुंधला दिखता है
शाम की बारिश में
अपने अश्कों को छुपाने लगा हूँ
कोई मुझसे वजह पूछे और मै ना बताऊँ
ऐसा न था मैं

समस्याओं का हल ढूंढना
मुश्किल लगने लगा है
सपनों के टीले
तार-तार होने लगें है
अंधेरे मे बैठ कर अपने ग़मों का
हिंसाब माँगने लगा हूँ
उंगली दिखा कर अपनी बात मनवा लूँ
ऐसा न था मैं

अकेले कम्बल मे छुप कर
दिन की साँसे गिनने लगा हूँ
ज़िम्मेदारियों से कंधे इतने भारी हो गये
की दर्द जाता ही नहीं
मैं जो सोचता था
उनकी सोच मुझसे मिलने लगे
अब लोग पत्थर मार कर कह जाते है
ऐसा न था मैं ||

I wasn't like this

Plucking stars from the sky for someone
I wasn't like this
Saying something, but ending up saying something else
I wasn't like this
Turning my head left and right
Looking for someone in fog
Leaving my loved ones and coming so far
I wasn't like this

Now there is no one to wash
The dirt on my shirt
I have started wiping my tears
And burying them
My legs are in pain
Still I run away faster
Not returning if someone calls
I wasn't like this

Now in the path of clouds
My kite is unable to fly
Even the sun is blurry
In the bright sunny day
In the evening rain
I have started to hide my tears
Not giving a reason if someone asks the cause
I wasn't like this

To find a solution of problems
Is difficult now
The tiles of dreams
Are all cracking
Sitting in the darkness
I have started counting my sadness
To convince someone with my anger
I wasn't like this

Hiding in the blanket alone
I have started counting my breaths
Shoulders are so heavy with responsibilities
That the pain never goes
My thoughts are now
Matching with the thoughts of others
Now people throw stones at me and say
I wasn't like this

छोड़ आया मै

छोड़ आया मैं
वो गद्दे के नीचे दबी हुई
बुना हुवा उन का स्वेटर
वो जलते हुवे चिमटे से लगी
काले तवे की नरम रोटियाँ
वो कंधे पर लेटा सुकून
मेरी माँ का गहरा प्यार

छोड़ आया मैं
वो चुप्पी मेरे पिता की
जो केवल आँखो से
मेरी बेचैनी भाँप जाते थे
लाखों कमा लेता हूँ
किंतु बेरोज़गारी में आज भी
बटुवे में पैसे पड़े मिलते

छोड़ आया मैं
अपना शीश महल
पेड़ों पर झूमता मेरा झूला
मुद्दत से कर रहा इंतज़ार
मेरा वो बालपन...
बाट जोहने की अब तो आदत न रही
राह देखने वालों ने मंज़िल खरीद लीए

छोड़ आया मैं   ॥

I Left Behind

I left behind
Under the mattress
The sweater knitted out of wool
Stuck on the burning tongs
The soft Chapati on the black frying pan
The peace lying on shoulders
The deep love of my mother

I left behind
The silence of my father
Who just from my eyes
Could detect my discomfort
I earned in lakhs
But even today during unemployment
I find money in my wallet

I left behind
My castle made up of glass
The swing on trees
Has been eagerly waiting for long
My childhood
I have lost the habit of waiting
Because people have bought destinations

I left behind

मेरे अपने ही मुजरिम हैं

तकलीफ़ो की सुनवाई हुई अदालत में
और बेकसूरों को सलाखें मिली
उनमे कोई मेरा अपना भी था
जिसकी नाक सदा बहती रहती
और आँखों में कोई ग़ैर नहीं
ज़रा सी मिट्टी क्या मिलाई उसने
सबको गंगा मैली दिखने लगी
वो जो अपने कंधे
बोझा ढोतें है पाप का
छाती चौड़ी कर
हग जाते है कगार पर
और मैला किया मासूमों ने

लड़ते है उन भूखे दरिद्र के लिए
फिर न जाने उनके बटुवे भारी कैसे
मेरा अपना आज भी तारे गिनता है
शायद उन तारों में उसकी माँ होगी कहीं
और हमने उसे ही सजा सुनाई है
ज़ुर्म करने वाले हमारे मुकुट धारी है
फिर निसंदेह...
मेरे अपने ही मुजरिम हैं ||

My Own Are Convicts

The hearing of problems happened in court
And innocents were jailed
One of them was my own
Who always had a runny nose
And no one unknown in his eyes
He mixed a bit of soil
Everyone noticed the Ganges being polluted
Those who on their shoulders
Carry the weight of sin
Widen their chest with pride
Defecate at the river banks
And pollute the innocents

They fight for the poor
Then how are their wallets so heavy?
Even today he counts stars
Assuming his mother is in those stars
And we have accused him
Criminals are the ones with crowns
Then undoubtedly...
My own are convicts

माँ

तुझे दर्द होगा, इस सोंच से बेफ़िकर
तेरे अँगों को फ़ैलाता रहा
तुझे क्या चाहिए, ये न सोच कर
अपनी भूख प्यास मिटाता रहा
छीछा-लेदर मै करता था
पर शर्मिंदा तू कभी न हुई
कमर तेरी टेढी हो जाती
मैं कंधों पर झूल, तेरे बाल नोचता
चीटियाँ काटती मेरे पैरों को
और दर्द तेरी आँखो मे नज़र आता
हठ मै करता, गुज़ारिश तू
चुराता मै, बचाती तू
पाप अपने कँधों से उतार कर
तेरे आँसुओं में मिला देता
काला हो जाता सब कुछ
और अपनी नींद मेरे आँखों मे डाल जाती

आज यहाँ पराया हूँ
तेरी तसवीर पर मैल लगी है
देखता कोई नहीं
पर तेरी नज़र मुझ पर टिकी रहती
खुद मुसल्लम हूँ
क्यों अधूरा छोड आया तुझे
हमारे रिश्ते को पढ़ कर बडा हुआ
मै कैसे तुझे भूल गया माँ ||

Mother

Unaware of your pain
I kept stretching your parts
I never thought about what you wanted
I always demanded my food
I used to mess up
But you were never embarrassed
Your back used to hurt
Hanging on your shoulder, I played with your hair
Whenever ants bit my legs
I saw tears in your eyes
I was stubborn, you always pleaded
I used to hide, you used to save
You used to take all my sins
And mix them with your tears
When everything used to get dark
You gave me all your slumber

Today, I am a stranger here
There is dust on your portrait
No one looks at it
But your eyes are always looking at me
Today, I am complete
Why did I leave you alone?
I grew up studying our relationship
How did I forget you mother?

|| प्रक्रिती पुकारती ||

Natures Eco

कहाँ चली वो शाम गई

बाबा की टूटी लाठी को
सिरहाने रख जाती थी
फ़ूटे सपनों को, हाथों से
हल्दी की लेप लगाती थी
पिछवाड़े वाले आँगन से
झोंका बन कर आती थी
तारों की चादर ओढ़ कर
सपने वो नए दिखाती थी
आकाश की बिजली चोरी कर
कपड़े वो रोज़ सुखाती थी
माँझा बन कर हाथों से
मुझको आकाश घुमाती थी
खपरैलों की गुमटी पर
धुआँ बन कर चढ़ जाती थी
चूम के माथे को मेरे
सारी खुशियाँ दे जाती थी

नींद नहीं उन आँखों में
जो सपने नए दिखाती थी
न जाने क्यों रुठी मुझसे
न जाने क्या बात हुई
कभी नहीं वो कभी न आई
मुझसे मिलना क्यों टाल गई
सिसकी भर कर आँखे तरसी
कहाँ चली वो शाम गई ||

Where Did That Evening Go?

She kept the broken stick of my grandpa
Next to my head
With her hands, she used to apply
Turmeric on the broken dreams
From the corridor of the balcony
She used to come with a blow
Under the blanket of stars
She used to show me new dreams
Stealing the thunder from the sky
She used to dry my clothes
By becoming the kite in my hand
She used to take me to the sky
On the terrace of small huts
She used to climb like smoke
A kiss on my forehead
And she used to give all the happiness

There is no sleep in those eyes now
That used to give me fresh dreams
I don't know why she is upset with me
I don't know what went wrong
She never came back
Why she postpones meeting me?
The sad eyes are looking for her
Where did that evening go?

हम तो युँहीं बरसेंगे

पर्वतों के छोर पर बादलों का टक्कर
बिजलियाँ कड़की और दहाड़ा आकाश
कुछ नही बचता
हर चीज़ भीग जाती
इन बूंदो की गिनतियाँ नहीं होती
न कोई हिसाब
ये किसी का समाज नही
बस बदलते मौसम के इशारें
प्रकृति का सुकून
और एक हम जो सब भूल चुके
हमने शब्दों कै अर्थ बदल दिए
पक्ष ले लिए धन-आराम है जहाँ
पर बरसने से क्या किसी को रोक पाएँगे
बादलों को पीट कर
डंके की चोट पर
चीखता आकाश
"हम तो यू ही बरसेंगे
भूल गए तो क्या
बिजलियाँ गिराएँगे
हर एक को नहलाएँगे
शहर-शहर डुबाएँगे
हर साल याद दिलाएँगे" ||

This Is How I Will Pour

The collision of clouds behind the mountains
The shining thunders and roaring sky
Nothing it leaves
Everything gets wet
There is no count of rain drops
And no account
It's no one's society
Just a gesture of seasonal change
A relief to nature
Is it us who have forgotten everything?
Changing the meaning of our words
We took the side of money-comfort
But could we ever stop the rains to come?
By beating the clouds
Hitting the nail on the head
Screams the sky
"This is how I will pour
So what if you forgot?
I will drop the thunders
I will drench everyone
I will drown cities
I will comeback every year"

मीलों दिखती तनहाई सी

अनजानी सी
कभी अनचाही सी
आजाती है, पुरवाई सी
झलक कर हाथों पर कभी
इतराती है परछाँई सी
किसके माथे पर हाथ रखूँ
और क्यों किसकी फ़रियाद सुनूँ
हर राह लगा अंधेरों मे
बरसे सावन अंगडाई ले
है कौन धरा पर साँस मेरी
जो गूंज सके शहनाई सी
कोई तो झलका जाए
आँसू संग बहा जाए
है क्या मज़ाल कोई मेरे
ख़लिहानों मे
खुशियों के अमृत बरसाए
देखूँ मै बैठ ज़माने को
है दिखती मुझको काई सी
कैसे और क्यों मै पहचानूँ
मीलों दिखती तनहाई सी   ॥

Miles Of Loneliness

Strange type
Sometimes unwanted type
Comes like a wind
Sometimes reflects on my hand
And moves like a shadow
Whom should I bless?
And why should I listen to others' prayers?
Every path connects to darkness
And showers everywhere
Who on this planet is my breath?
Someone who can eco like wedding bells
Anyone who can be with me
And share my tears
Anyone who can dare to
In my garden
Shower the rain of happiness
I look at the world sitting
They all look like moss
How and why I recognize
Miles of loneliness

धरती का गला सूख रहा

शहर के छत पर
काले बादलो का मेला लगा
ना मुजरा दिखाते
ना कोई तमाशा हो रहा
बस कुछ बूंदे छिड़क कर
कोई ऊपर बैठ मज़ाक उड़ाता
सूरज तो हमे तलने मे लगा है
ना जाने क्या चखेगा शहर का
अब तो जलने की बू सी आने लगी
घर जा सूरज क्यों जला रहा
नदियाँ उबल-उबल के सूख गई
धरती की चमड़ियों पर
दरारे आ गईं
समोसा ठंड़ा हो रहा
और मेरी चाय भी
पर इन कलूटे बादलों का
अब तक नखरा ना गया
गुज़ारिश है बूंदों से
छोड़ दो छत मेरे शहर का
अपनी रेंगनी से बांध लुँगा तुझे
गरज मत ज़रा नीचे आ-जा
हर कोई मुहँ खोले तुझे निहारता
जानवरों ने तो दम तोड़ दिय
बिछा दो अपनी भीगी चादर
धरती का गला सूख रहा ||

The Earth Is Thirsty

On the terrace of the city
There is a fair of black clouds
No dance show
No drama happening
Just a sprinkle of a few drops
Sitting above and mocking
The sun is desperate to burn us
I don't know what he wants to taste
I can feel the burning smell now
Go home sun, why do you want to burn us?
Rivers are boiling and drying up
On the skin of the Earth
There are cracks everywhere
The snacks are getting cold
And my tea too
But the attitude of these dark clouds
Is yet to go away
I request the clouds
To leave the terrace of my city
I will tie you to the balcony
Don't scream, just come down
Everyone is looking at you in awe
Animals have even died waiting
Please spread your wet blanket
The Earth is thirsty

बरसात के आँसू

केले के पत्तों पर सरकती
बारिश कि बूँदों को
खिडकी से घंटों निहारता था
काग़ज़ की नाव बनाता
कीचड़ में छपछपी मारता था
दोस्तों के साथ टूटे आमों को
बिनने जाया करता था
न नहाने का बहाना कर
बारिश मे भीगता स्कूल जाता
अंदर ज्ञान बट रहा था और मै
खिडकी से बूंदे बटोर रहा था
लोग बड़ी-बड़ी गाडियों में
मेरे दोस्तों को लेने आते
और मै पानी भरे गढ्ढों में
उछलता-कूदता वापस आता
रात में तारों को जोड़ कर
खिलौंने बनाया
और नींद ना जाने कब
मेरी आँखों में समा जाती

आज जब सुबह हुई
तो भीगी गाडी को देख मै चिढ़ गया
जूते बारिश में गंदे न हो जाएँ
ये सोच बस से दफ़तर चला गया
फ़ोन और बाकी महंगी चीज़ों को
चमकुन्नी में रख कर
इधर-उधर दौडा भागा
शीशें की खिडकियाँ है
यहाँ बारिश की आवाज़ नही आती
और फ़ुरसत मे बैठने की
न जगह है, न ही वक्त
शाम को रुक कर इन्तज़ार करता हूँ
कोई बात नही यदि देर हो जाए
पर भींगना नही चाहता
कपडों को न गंदा
न गीला करना चाहता
फिर भी न जाने क्यों
घर पहुँचने तक
कुछ बूंदों ने मुझे चिढ़ा दिया

Tears Of Rain

Slipping from the banana leaves
The drops of rain
Watched for hours from the window
I used to make paper boats
Play in the slimes
I used to go with friends
To pick the mangoes from trees
I used to make excuses and not take bath
I used to drench and go to school
Teachers were sharing knowledge
And I used to collect drops from windows
People used to come in big vehicles
To pick their kids
And I used to come home jumping
In the pot holes filled with water
Combining the stars at night
I made toys
And I don't know when
Sleep rested in my eyes

This morning
I got angry after looking at my drenched bike
I went to office by bus
Considering my shoe might spoil in rain
My phone and other expensive items
I kept in plastics cover
I ran here and there
Here there are windows of glasses
I cannot hear the sound of rain
There is no place or time
To sit and relax
I wait for rain to stop in the evening
No problem if I reach late
But I don't want to get drenched
I don't want to spoil my clothes
I don't want to get wet
But I still don't know why
When I reached home
A few drops of rain annoyed me

थोडी देर पहले मेरे बिस्तर पर
एक बूंद कम्बल से छन कर
मेरे गले पर जब गिरी
मै गरियाते उठ बैठा
वो किसी बारिश की बूंद नही
किसी के दुख के आँसू थे ॥

A few minutes back on my bed
A drop filtering from the blanket
Fell on my face
I got up with anger
But those weren't rain drops
They were the tears of rain

चाँद सर पर चढ़ा है

कई दिन से चांद सर पर चढा है
सूरज निकलता है, बारिश होती है
पर चाँद है कि मानता ही नही
छोटे से बड़ा होता है
और बड़े से फ़िर छोटा
पर सूरज की रौशनी में छुपता नहीं
न जाने क्या बात है
कई दिन से चाँद सर पर चढ़ा है

ज़िद पर अडा है
या शायद रूठ गया है
कहानियों मे अब वो नहीं आता
संगीत ने सुर बदल लिए
लोरियाँ अब तकिये तले नहीं सोती
रिश्तो को हमने छाँट दिया
उदास है, नाराज़ है, पर सब जानता है
कई दिन से चाँद सर पर चढ़ा है ||

The Moon Is Not Hiding

The moon is not hiding since a few days
The sun rises, rains pour
But the moon is not listening
Grows from small to big
And big to small
But doesn't hide in the sunlight
No one knows what happened
The moon is not hiding since a few days

The moon is stubborn
Or may be upset
He is no more in stories
Music changed its tone
Lullabies don't sleep on the pillow anymore
We have divided our relations
He is sad, upset, but knows everything
The moon is not hiding since a few days

|| जोड़ों मे बुलंदियाँ ||

Spirit In Joints

फिर निर्धनता चौखट आई

छूट रहा जीने का ज़रिया
तरक्की तुझको कभी ना भाई
धन के पौधे फिर से सूखे
फिर निर्धनता चौखट आई

पाप का बटुवा भी अकसर
पापी पेट पचाता है
तू तो चोरी भी ना सीखा
संकट तुझ पर कैसी छाई

आशाँए बांध रखी है तूने
हवाओं मे आज़ादी तेरी
किस प्रतिमा का सन्यासी तू
कौन जो मन की तृप्ति लाई

सागर बहता पीड़ाओं का
धन की सबने धूनी रमाई
चुनौती की थाली ले कर आ
फिर निर्धनता चौखट आई   ॥

Poverty Is At My Doorstep Again

Losing all the options of life
You never enjoyed success
The money plants are drying again
Poverty is at my doorstep again

Most of the times, the wallet of sin
Feeds your hunger
You couldn't even learn stealing
Your bad times have arrived

You are waiting with high hopes
Your independence is in the air
Whom do you praise as a devotee?
Who can give you peace?

There is a river of pain
Everyone is chasing money
Get the plate of challenges
Poverty is at my doorstep again

रोऊं किसके वास्ते

पँछियों की चहक सी
आंधियों की झुरमुटें
सिमट रहीं हैं गरमियाँ
मिले-जुले हैं सुर लगे
जो हुआ न था कभी
बंट गए वो रास्तें
बदल रहा है वक्त देख
दर्द है आवाज़ में
उलझ-उलझ के बढ गई
दूरियों के फ़ासले
क्यों बदल गए ये सब
क्यों बनी ये मंज़िलें
खूर भर की चाह को
आँसू मे पिरो दिए
कल जो था, नहीं रहा
कल भी ग़म में बह गए
बारिशों की बूंद सी
बदल रहीं हैं चाहतें
कौन है मेरा यहाँ जो
रोऊं किसके वास्ते ||

For Whom Should I Cry?

Like the chirpings of birds
There are clumps of hurricanes
Summer is coming
There are familiar tones in rhythm
That has never happened before
Those roads are divided
Look, the time is changing
As there is pain in the voice now
Fighting amidst tangles
The distance of gap has increased
Why have all changed?
Why was the destination made?
A handful of wishes
Has been stitched with tears
What was present yesterday, doesn't exist today
Tomorrow is also engulfed in sadness
Like the drops of rain
Wishes are changing
Who belongs to me?
For whom should I cry?

थामा हाथ उड गया

बँट गया वो फल मेरा
टूट के बिखर गया
मै हाथ में लपेट कर
कवच बना पहन गया
मै ढाल सा खड़ा रहा
आवाज़ दे वो आ रहा
मै तीर को कमान पर
लगा के तन से अड़ गया
उन आँखों में मशाल थी
प्रकोप का जुनून था
उन अनसुनी सी चीख से
नज़र-नज़र मिला गया
टकरा के अश्क सा बहा
बिखर मुझे बिखरा गया
धीरे से कान में सुनी
कुछ कह के मुझमे मर गया
घुटनों तले गिरा हुआ
ख़ून में लिपटा हुआ
बहता हुआ देखा उसे
वह छोड कर चला गया
रोते हुए मैं हँस रहा
ना जाने क्या मैं पा रहा
उठाया सर खड़ा था वो
ना जाऊंगा वो कह गया
क्यों अश्कों मे डूबा हुवा
ना लड़ सका ये मन मेरा
पर वीर हूँ ये जान कर
खडा हुआ चला गया
मुड़ूंगा क्या, देखू कहां
वो हार था जो गिर रहा
मै ज़िन्दगी को साथ ले
थामा हाथ उड़ गया

मै ज़िन्दगी को साथ ले
थामा हाथ उड़ गया ||

Held Hands And Flew Away

My fruit has been divided
It was shattered into pieces
I wrapped it on my hands
Wore it as an armor
I stood like a shield
Call him, he's coming
I placed the arrow on the bow
And stood there firmly
There was fire in those eyes
And a passion of rage
With those unheard screams
I met face to face
I collided and fell like tears
It scattered me
I heard a soft voice
It said something and died within
Begged
Covered with blood
I saw him flowing
He left
I was crying and also laughing
I don't know what I was earning
I lifted my head and he was there
He won't go he said
Why drowned in tears
My mind could not fight?
But with the thought that I am warrior
I got up and walked
Where to turn and where to look
He was defeat and he was falling
I along with my life

Held hands and flew away
Held hands and flew away

खड़ा हूँ अभी भी, हारा नहीं

कोई वादा नहीं किया
किसी के घर की चाय
मेरे गले से उतरी नही
झड़ते बालों की उम्र
पूछने की दख़लनदाज़ी
नहीं की कभी
फ़िर भी वो पीड़ित नदी
अपना नमक मेरे किनारे छोड़ जाती

चंद नियमों को
अपने साथ ले आया
ऊँचाइयों की डोर को
ढील देता रहा
पाने का लालच
खोने का ग़म नही
फिर भी शराफ़तों के दामन मे
सदा दाग लगा रहता

कह दिया न जाऊँगा
यूँ सर झुका, मुट्ठी बांध कर
लोहे के चने
अपने दामन बाँध लाया हूँ
कोई पूछे या न पूछे
अब जीना किसी के लिए नहीं
वीर तिलक माथे पर सजाए
खड़ा हूँ अभी भी, हारा नहीं ||

I'm Still Standing, Haven't Given Up

I haven't promised
I haven't tasted
Anyone's homemade tea
The age of losing hair
Has never dared to ask
But still that suffering river
Leaves its salt at my shore

A few regulations
I got along with me
I kept releasing
The strings of success
No greed for wants
No sorrow of loss
But on my scarf of decency
There is always a stain

I told I won't go
With my head down, and closed fists
Iron chickpeas
I have got along with me in my scarf
Whether anyone asks or not
No more living for others
With the mark of victory on my forehead
I'm still standing, haven't given up

मै ज़िन्दगी के साथ हूँ

मै चाह कर जिया नही
तो चाह कर मरूँगा क्यों
मै तीर हूँ, कमान पर
जो चढ गया तो मौत हूँ

मै शूल हूँ, त्रिशूल हूँ
मै गीत का सितार हूँ
जहान जहाँ बदल गया
लो उड़ गया मै भाप हूँ

किसी के अश्क पर मिली
वो मोतियों की रौशनी
ढाल मै बना उसे
तूफ़ान से टकराया हूँ

बाज़ुओं में दर्द है
तालियों में लोरियाँ
टूट कर बिखरा हूँ मै
कहाँ है माँ, कहाँ है तू

मै वीर हूँ, ना मानूँगा
मै खून होली खेलूँगा
कीचड़ में हूँ तो क्या हुवा
मै उठ गया, ले सूँघ बू

खींच कर कमान को
मै ज़िन्दगी को ले चला
कोई साथ हो मेरे नही
मै ज़िन्दगी के साथ हूँ ॥

I Am With Life

I couldn't live as I wished
Then why will I die as I wish?
I am the arrow on a bow
If I am loaded then I am death

I am the spike, I am the prong
I am the instrument of a song
The day the world changes
I fly away like smoke

I found in someone's tears
The light of pearls
I used it as a shield
And collided it with storms

There is pain in my shoulders
Lullabies in cheers
I'm broken and shattered
Where are you, mother. Where are you?

By pulling the bow
I'm ready to take a life
There is no one with me
I am with life

हिम्मत

सुबह का भूला हूँ
और रात हो चली
पर मै अब तक घर नहीं पहुँचा
कदमो ने पलटी मारी
मै राह भटक गया
माफ़ी लिए हाथ में, मेरा सुकून चीखता

लूटने वाले पसार बाँहे
इंतज़ार में है मेरे
और मै विंद्वन्शक सा, लुटाता जा रहा
लालच बटोरने का नहीं
चंद खुशियों की ज़रूरत है
पर नियति ने आँखों पर, रोना लिख गया

धन धनी है तो क्या
मै भी उदार हूँ
विचारों का भाव, मूल्य मेरे मान का
बटुवे मे पसीना भर
और जेब मे थकान
पर ढूंढ लूँगा हिम्मत, अभी नहीं मरा ||

Courage

I am lost since morning
And it's night already
But I haven't reached home yet
My feet have cheated me
I lost my path
With forgiveness in hand, my numbness screams

Robbers with open hands
Are waiting for me
And I am like a destroyer, giving away everything
I never collected greed
I am just in need of some happiness
But destiny wrote tears in my eyes

What if money is rich?
I am generous too
The value of ideas, cost of values
There's sweat in wallet
And fatigue in pocket
But I will find courage, I'm still alive

About the Author

Jeev is a thirty-two-year-old Investment Bank corporate professional from Bangalore and holds an MBA in Finance. As a child, he was always desirous of mastering the art of poetry and loved writing fictional stories and poems that through their simplicity explained the deep essence of life. He was awarded a rolling shield as a first prize in poetry writing during his school days and that inspired him to take his skills to the next level.

Till date, he has written more than 500 poems and 70 short stories. Apart from being a writer, Jeev is also a professional artist and a freelance graphic designer. To connect with Jeev, mail him at rajivinbox@yahoo.in

Printed in the United States
By Bookmasters